世界一インストールの

Windows10™のインストール法

暗黒通信団

1 はじめに

Windows10 のインストールが難しすぎるので、自分用のメモを作っていたのですが、某即売会で試しに配ってみたら意外と好評だったので本にすることにしました。インストールのやりかたは人それぞれだと思いますが、何かの参考になればと思います。次の方針でインストールをしています。

- 新しい機能はいらない。Google Chrome を使うので Edge は要らない。タブレットモードとか邪魔。Windows XP くらいの機能があれば十分。
- Microsoft 社に情報を送りたくない。
- 見てくれは良くなくてもいいから、安定で速いシステムにしたい。

インストールにおいては、できるだけ不要なサービスを停止する方向で設定しています。もちろん人によっては停止してもらっては困るものもありますし、逆に必要な作業が書かれていないかもしれません。インストール作業は基本的に自己責任ですので、何かおかしなことが起きたといって当方や Microsoft 社に怒らないで下さい。実際、Windows10 に限らず Windows のインストールはどれも非常に難しく、これは単に自分用のメモなので、まだまだ不備はあると思います。気づいた点があれば教えて下さい。また当然ですが、本書には不正利用の仕方は一切書いていないので、そういうのは期待しないでください。

2 インストールをする前に

現代的なハードウェア（amd64 など）の場合は以下から ISO イメージをダウンロード[1]して DVD に焼いたりして起動イメージを作ります。ディスクを入れて適当に選択します。

https://www.microsoft.com/ja-jp/software-download/windows10ISO

Windows 以外の OS が動いている機械にインストールする（とかゲスト OS として入れる場合）なら Windows7 以降のプロダクトキーが必要です。Windows 7 がかつて入っていたような機械なら、プロダクトキーを空白にしておきあとでデジタル認証するほうが良いと思います[2]。

以下は当然のことだと思いますので簡潔に書きます。

---

[1] 一応 Windows から閲覧するとダウンロードできないようになっています。Linux や Mac などからアクセスする人向けです。しかしそもそも既に Windows を使ってる人はいまさらインストールなんてしないと思います。

[2] もしも何らかの理由でプロダクトキーをリセット・制御したいなら、コマンドプロンプトから slmgr.vbs を起動します。

- Contana は「使わない」にします。それでも使わされます。
- 「デバイスのプライバシー選択」ではもちろんすべて No にします。
- ユーザーアカウントは半角の英数字のみです。漢字など論外です。また、ユーザーアカウントは（Microsoft アカウントではなく）ローカルで作っておきます[*3]。このメモでは「shi」であるとします。種類は「管理者」です。

Microsoft アカウントの作成は極力回避すべきです。Windows10 は高頻度で Microsoft 社のサーバに何かしらの情報を送っているので危険です。しかもそれが何かは公開されていません。Microsoft アカウントを作らないことによる不利益はストアが使えなくなることくらいですが、ストアにある Linux 系 OS イメージ以外で重篤な問題は（たぶん）ありません。Linux を使いたければ grub でデュアルブートにするか、そもそも Windows10 自体を Linux の上でゲスト OS にしたほうが安全です。筆者は Ubuntu18.04 上の VirtualBox で Windows10 を使っています。こうすると仮想デスクトップ機能も VirtualBox 側で提供してくれるので比較的安全です。危険回避のため、アクチベーション（デジタル認証など）が完了したら、機械がつながっている上流のルータなどで以下の範囲の IP アドレスをブロックします[*4]。

開始 IP	終了 IP
13.64.0.0	13.107.255.255
20.180.0.0	20.191.255.255
40.64.0.0	40.71.255.255
40.74.0.0	40.125.127.255
52.145.0.0	52.191.255.255
52.224.0.0	52.255.255.255
52.96.0.0	52.115.255.255
64.4.0.0	64.4.63.255
65.52.0.0	65.55.255.255
104.40.0.0	104.47.255.255
157.54.0.0	157.60.255.255
168.61.0.0	168.63.255.255
204.79.195.0	204.79.197.255
207.46.0.0	207.46.255.255

[*3] Microsoft アカウントやメールアドレス（や Skype アカウント）を入力する場面で適当な半角英数字の文字列（ID）を入れてパスワードを設定してしまい、そして Microsoft への接続を「スキップ」することで、Microsoft アカウントの作成を回避できます。

[*4] これは Microsoft 社のサーバの一部で、調査した範囲では Windows10 からこれらのサーバに情報が送られます。おそらくこの IP だけで全部ではありません。

3 GUI からの設定

青い窓からぴかーっと光が出ている画面が出たらインストールを始めます。なお Windows Update によって最新の状態にしておきます。せっかくちゃんとインストールをしても Windows Update によって不完全なインストール状態に戻されてしまうことは多々あります。逆に、Windows Update によって初期値に戻されてしまったら、イメージから再インストールするくらいの覚悟は必要です。また以下の色々な作業はできるだけ何をしたか記録しておいたほうが良いです。

3.1 超・初期設定

まずは見えないファイルが多すぎて作業できないので修正します。

- タスクバーの窓アイコン右クリック→「エクスプローラー→表示タブ」→「ファイル名拡張子」と「隠しファイル」にチェックをつける

あるいは従来の方法なら、

- タスクバーの窓アイコン右クリック→「エクスプローラー→ファイルタブ→フォルダーと検索のオプションの変更→表示タブ」から
  - 「隠しファイル、隠しフォルダー、および隠しドライブを表示する」にチェックをつける
  - 「登録されている拡張子は表示しない」のチェックを外す

をします。従来の方法でやるなら、ついでに「別のプロセスでフォルダーウィンドウを開く」もチェックしておきます[*5]。

これでやっと設定自体が可能になります。ついでに画面をシンプルに。

- 画面右クリック→「個人用設定→テーマ」から
  - 背景：単色へ
  - サウンド：サウンド→なし（サウンドはうるさい割に意外とマシンリソースを食います）
- 画面右クリック→「個人用設定→スタート」の中のスイッチをすべてオフへ

3.2 ツールの位置

Windows10 には 3 系統の設定方法があります。「設定」と「コントロールパネル」と「レジストリ」です[*6]。どれでも設定できるというのではなく、それでしかできない設定

[*5] デスクトップとフォルダのプロセスを分離するという意味で、フォルダがフリーズしてもデスクトップまでフリーズすることがなくなります。必須ではありません。

[*6] 「システム構成」(`C:\Windows\system32\msconfig.exe`) も設定といえば設定ですが、ここでしかできないというものでもないので省略します。

があります。なのでこれらは即起動できるようにしなくてはいけません。前者 2 つはキーボードショートカットが便利です。

- 「設定」：⊞+I
- 「コントロールパネル」：⊞+Pause →マウスで 2 つ上の階層をクリック
  あるいは ⊞+R → control と打ち込む。

レジストリエディタ (C:\Windows\regedit.exe) についてはキーボードショートカットがないので、すぐ起動できるようにデスクトップにショートカットを置いておきます。ショートカットでやるなら ⊞+R → regedit と打ち込みます。また、一部エクスプローラからの設定が必要なものがありますが、その場合はショートカットで、⊞+E で起動します[*7]。

念のため、ファイルの実体は以下にあります。設定ツールの場所は（おそらくわざとではないと信じたいですが）散らばっていてインストールを困難にしています。

- 「コントロールパネル」、「エクスプローラー」、「コマンドプロンプト」、「ファイル名を指定して実行」はどれも

  C:\Users\shi\AppData\Roaming\Microsoft\Windows
  \Start Menu\Programs\System Tools

  以下にあります。「shi」のところは適切なユーザー名に読み替えてください。Users は日本語に偽装されて「ユーザー」と表示されています。「Start Menu」も「スタートメニュー」になってたりします。ちなみにいわゆる「アクセサリ」は

  C:\Users\shi\AppData\Roaming\Microsoft\Windows
  \Start Menu\Programs\Accessories

  以下にあります。

- システム情報 (msinfo32.exe) は、実体は C:\Windows\system32\msinfo32.exe なのですが、

  C:\ProgramData\Microsoft\Windows
  \Start Menu\Programs\Administrative Tools

  に色々とショートカットありますので、もしもデスクトップにショートカットを作るなら、このフォルダごとのほうが良いです。「Administrative Tools」は「Windows 管理ツール」に偽装されています。ちなみにこの下には「設定」へのショートカットもあります。

あまりに設定ツールが分散していて分かりにくいせいか、非公式ながら通称「神モー

[*7] 実際問題、Windows10 はショートカットを多用するのが効率的な使い方なので、一覧を検索して覚えるくらいは必要です。

ド」と呼ばれる一覧版のコントロールパネルがあります。新規のフォルダを作りフォルダ名を「asd.{ED7BA470-8E54-465E-825C-99712043E01C}」に変えると出現します[*8]。以下はこの種の「フォルダ名を変えると出現するもの」の一覧です。

- 電源プランの設定：asd.{025A5937-A6BE-4686-A844-36FE4BEC8B6D}
- タスクバーの機能表示：asd.{05d7b0f4-2121-4eff-bf6b-ed3f69b894d9}
- 資格情報の管理：asd.{1206F5F1-0569-412C-8FEC-3204630DFB70}
- ネットワークインストール：asd.{15eae92e-f17a-4431-9f28-805e482dafd4}
- 規定のプログラム設定：asd.{17cd9488-1228-4b2f-88ce-4298e93e0966}
- アセンブリ名：asd.{1D2680C9-0E2A-469d-B787-065558BC7D43}
- Windows ネットワーク：asd.{208D2C60-3AEA-1069-A2D7-08002B30309D}
- PC：asd.{20D04FE0-3AEA-1069-A2D8-08002B30309D}
- プリンタ：asd.{2227A280-3AEA-1069-A2DE-08002B30309D}
- リモートアクセスへの接続：asd.{241D7C96-F8BF-4F85-B01F-E2B043341A4B}
- Windows Defender の状態：asd.{4026492F-2F69-46B8-B9BF-5654FC07E423}

3.3 基本的なパフォーマンスの改善

次のことは使用開始前にやったほうが良いです。

- パフォーマンス優先化：「コントロールパネル」→「システムとセキュリティ」→「システム」→「システムの詳細設計」→「パフォーマンス」の設定から「視覚効果」タブで「パフォーマンスを優先する」にします[*9]。「詳細設定」タブからは「仮想メモリ」を変更し自動管理のチェックを外し、「カスタムサイズ」で「初期サイズ」と「最大サイズ」を同じ値にします。こうすることでスワップ領域の断片化を防ぎます。断片化してからサイズ設定してもあまり効果的ではないので、できるだけ初めにやりましょう[*10]。
- 「詳細設定」（システムの詳細設計）に戻り「起動と回復」の「設定」から「システムエラー」時に「システムログにイベントを書き込む」のチェックを外します。書き込んでも無駄に容量を食うだけでログは使いものになりません。あなたが開発者でないのなら「デバッグ情報の書き込み」も「なし」にします。デバッグは開発

[*8] 「asd」のところは何でもいいです。カッコもフォルダ名の一部です。この機能は Windows XP のあたりからあったという伝説があります。

[*9] 実際には「カスタム」にして「スクリーンフォントの縁を滑らかにする」だけは残しておいたほうが良いかもしれません。。また、コントロールパネル→フォント→ ClearType テキストの調整も有効にしたほうが良いです。とにかく標準フォントは読みにくいので。

[*10] SSD の場合固定的なスワップ領域が良いかどうかには議論があります。メモリ量が十分なら「ページングファイルなし」が良いです。

者の仕事です。

- 「コントロールパネル」→「システムとセキュリティ」→「システム」→「リモートの設定」で「このコンピューターへのリモートアシスタンス接続を許可する」のチェックを外します。「リモートデスクトップ」も「このコンピューターへのリモート接続を許可しない」へ[*11]。まずはセキュリティをキツめにしておきます。
- ドライブ名の英数字化：しばしばドライブが「ローカルディスク」とか「CD ドライブ」といった日本語名になっていますが、ファイル名やフォルダ名やドライブ名に全角文字を使うのは色々と危険なので半角英数字にしておきます。エクスプローラーで該当ドライブを選択したのち、ドライブ名（ドライブ文字ではない）をマウスの左ボタンで長押しすることで変更できます。空白も入れないほうが良いので「`LocalDisk`」とか「`CDdrive`」とかにします。
- 「コントロールパネル」→「システムとセキュリティ」→「管理ツール」→「サービス」からいらないサービスを「無効」に設定します。現在「自動」になっているものは起動しているものであり、負荷になる可能性があります。特に無効化すべきなのは以下です。
    - ▷ ActiveX Installer (AxInstSV): はっきりいってセキュリティホールの一因
    - ▷ 市販デモ サービス:エンドユーザーが使うものではない。個人ファイルをすべて消していくという噂
    - ▷ Remote Registry: 外部からネットワーク経由でレジストリをいじるという恐怖以外の何でも無いサービス。すぐさま無効化するべき
    - ▷ Windows Error Reporting Service: Microsoft 社にエラーを報告する。いかなる情報も送信すべきではないので遮断
    - ▷ Windows モバイル ホットスポット サービス: データ接続の共有化。他の人にパケットを使われてしまう可能性もあり
    - ▷ Windows カメラ フレーム サーバー: カメラの共有。普通使わない
    - ▷ Windows Media Player Network Sharing Service: メディアプレーヤーのライブラリをネットワーク共有
    - ▷ Function Discovery Resource Publication: コンピュータとその接続デバ

[*11] もし本当にリモートデスクトップを使いたいなら、Windows 自体を Linux システムの上に仮想環境として構築し、VirtualBox などが提供するリモートデスクトップ機能を使ったほうが良いです。筆者はそうしています。その際の注意点は「Google Chrome」の「ハードウェアアクセラレーションが使用可能な場合は使用する」をオフにすることです。また VirtualBox 側で Direct3D を使うようにすると不安定になるようです。

　　　　イスをネットワークで公開するサービス。なくてよい
　　　▷ Windows Search: 検索 index を作るサービス。非常に負荷になり、特にノートパソコンではバッテリ消耗の原因に
　場合によっては以下も無効にしたほうがいいでしょう。
　　　▷ 保護者による制限: 強制的に見せないのではなく、なぜ見るべきでないのかを教育するべき
　　　▷ Xbox 色々: ゲームしないなら意味ない
　　　▷ Peer とか PNRP 関連:ピアツーピア グループ化サービスとピア名解決プロトコル。他者と p2p でつなぐのでなければ不要

「OpenSSH Authentication Agent」などは使う場合はそれを「自動」にしておきます[*12]。また、これらのサービスの中で、どうしても停止させたいのにできないというものもあります。例えば `wsappx` というサービスは Microsoft ストア関連のものですが Microsoft アカウントを使わない以上ストアに用などなく、停止させたいのですが GUI からは停止できません。こういうものはレジストリを使って（一時的に）消します。後述します。

3.4 通知の無効化

「窓ボタン右クリック→設定→システム→通知とアクション→通知」の項目で設定します[*13]。

3.5 OneDrive

Microsoft 社のクラウドサービスは信用ならないので切ります。クラウドを使いたいなら Dropbox や Google サービスのほうがまだましです。OneDrive 自体は `C:\Users\shi\AppData\Local\Microsoft\OneDrive\OneDrive.exe` にあります。

3.6 Wi-Fi の従量制課金接続制限

設定→ネットワークとインターネット→ Wi-Fi →既知のネットワークの管理→プロパティから、従量制課金接続の Wi-Fi をチェックして、従量制課金接続で Windows Update のダウンロードをしないようにします。

3.7 クイックアクセスへの履歴保存停止

コントロールパネル→エクスプローラーのオプション→プライバシー、にある 2 つのチェックを外します。

[*12] 設定→アプリと機能→オプション機能の管理→機能の追加→ OpenSSH クライアント、で追加。
[*13] これが一番簡単です。サービスから停止させるのは少し面倒です。

3.8 スタート画面をシンプルにする
設定→個人用設定→スタート、に色々とあるスイッチを全部 OFF にします。

3.9 ストレージセンサー
実は SSD の場合、デフラグ関連はそのままで構いません。自動的に Trim で書き込みを分散化してくれます。それでも作業中にやられると辛いので、頻度設定はしたほうがよい場合があります。該当ドライブのプロパティ→ツール→ドライブの最適化とデフラグ→スケジュールされた最適化→設定の変更で設定します。

ストレージセンサーの頻度も少しいじったほうが良いです。「設定→システム→ストレージ→ストレージセンサー」で、「空き領域を自動的に増やす方法を変更する」を「毎週」か「毎月」に設定します[*14]。標準では「Windows によって決定されたとき」になっていますが、これだとディスクが逼迫するまで発動してくれません。SSD で運用しているとこれでは手遅れになりますので、定期的に強制削除が必要です。手動でやる場合は、特に「Windows Update のクリーンアップ」がギガ単位でディスクを無駄に専有しているので、これを優先的に消します。その他、アプリの一時ファイルが溜まるので時々手動でも消したほうが良いです。標準だと `C:\Users\shi\Local Settings\Temp` あたりになります。

3.10 ドキュメント系フォルダと所有権
このあたりは人によりますが、筆者は「Program Files」のように空白が入ったフォルダ名とか「画像」「ドキュメント」「動画」などが分かれてるお仕着せの構造が嫌いなので、打ち込みやすい「`C:\a`」と「`C:\p`」いうフォルダを掘り、ドキュメント類は前者に、プログラム類は後者に入れています。外部ドライブが使えるならできるだけ「`C:\`」も使わないようにします[*15]。標準の場所からの移動は簡単で、特殊フォルダのプロパティ→場所→（変更先のフォルダ名）→移動を押すだけです。ただしこの方法は OneDrive を使っている場合はうまくいきません。OneDrive は捨てましょう。

問題はその先です。自分の作業用フォルダなのに管理者権限がないといってアクセスできない場所が頻発します。この場合、以下のようにして権限を得ます。

1. 該当のファイルまたはフォルダーを右クリックし「プロパティ」をクリック。
2. セキュリティタブをクリック。右下の「詳細設定」をクリック。

[*14] 「毎日」はやりすぎな気がします。

[*15] 実際には Windows 自体を Linux の上の VirtualBox 上で動かしているので、ホストマシンとのあいだでドキュメントフォルダを共有しており、変更があったファイルだけを cron と rsync で自動差分バックアップしています。

3. 所有者欄が空白だったり、「現在の所有者を表示できません」だったり、自分と異なるユーザー名になっていたりするので、所有者欄の「変更」を押します。すると入力窓が開きます。
4. 「選択するオブジェクト名を入力してください」のところに自分のユーザー名を入れて「名前の確認」を押すとマシン名付きのユーザー名に変わりますので（あるいは Everyone でも良いです）、そこで「OK」を押します。
5. 「サブコンテナーとオブジェクトの所有者を置き換える」にチェックを入れて「適用」を押せば変更が始まります。配下のフォルダが多いと時間がかかります。
6. しかし「アクセス許可エントリ」に名前がないと、所有者なのにアクセスできません。その場合エントリの下にある「追加」を選び、出てきた入力ウィンドウの「プリンシパルの選択」を押します。すると 4. と同じように「選択するオブジェクト名を入力してください」がでてきますので、入力して「OK」にします。
7. 「基本のアクセス許可」の「フルコントロール」をチェックし「OK」すると、ようやくすべて読めるようになります。

3.11 「休止状態」の削除

システム停止には「スリープ」「シャットダウン」「休止状態」の三種類がありますが、この中で「休止状態」はメモリ状態をディスクに保存するため、メモリの大きさと同じくらいの大きなファイル（`hiberfil.sys`）が生成されます。SSD は書き込み回数を平均化することで劣化を防いでいるので、空き容量が少ないと少ない空き領域に書き込みが集中し、極端に早く壊れます。このため、空き領域を増やす必要があり、休止状態のためのファイルは邪魔になります。次のようにして休止状態を使えなくすると自動的に `C:\hiberfil.sys` が消えるので容量アップできます。

1. コントロールパネル→電源オプション→システム設定、にある「高速スタートアップを有効にする」と「休止状態」のチェックを外す。
2. 管理者プロンプトから「`powercfg -H OFF`」を実行。
3. 再起動。

4 レジストリ

`C:\Windows\regedit.exe` を起動して設定します。管理者権限で立ち上げる必要があるので、アイコンにフォーカスしてから「Ctrl キー +Shift キー +Enter キー」で立ち上げます。

トップのキーの意味はだいたい次の通りです[16]。

---

[16] https://support.microsoft.com/ja-jp/help/256986/

- `HKEY_CLASSES_ROOT`: Content-Type など。`HKEY_CURRENT_USER\Software` と `HKEY_LOCAL_MACHINE\SOFTWARE` がマージされたような構成。
- `HKEY_CURENT_USER`: 現在ログオンしているユーザーのフォルダー、画面の色、コントロール パネルの設定など。
- `HKEY_LOCAL_MACHINE`: すべてのユーザーに適用される項目、ハードウェア情報、各ソフトの管理する設定。
- `HKEY_USERS`: すべてのユーザーのプロファイル。システムユーザーも含まれる。
- `HKEY_CURENT_CONFIG`: 起動用のハードウェア情報。

4.1 wsappx

Microsoft ストアの最新情報をもとにアプリを更新するサービスですが、とにかくやたらにメモリを食い、バッテリを消費する困ったサービスです。しかも通常のサービス停止からでは止められません。これを起動させなくするためには `HKEY_LOCAL_MACHINE\SYSTEM\ControlSet001\Services\AppXSvc` にある「`%systemroot%\system32\svchost.exe -k wsappx -p`」を消します。ところがこれには大問題があり、このサービスが立ち上がっていないと Windows Update が失敗します。そのため、ある程度 Windows Update が溜まってきたら、これを復活させないといけません。

もう少し穏健に、単にストアの更新を止めるだけにする（ある程度のリソース消費は許容する）なら `HKEY_LOCAL_MACHINE\SOFTWARE\Policies\Microsoft\WindowsStore` に `AutoDownload` というキーで DWORD の変数を作り、2 を設定します。なおもやいないと思いますが、Microsoft アカウントを作ってしまった人なら Windows AppStore 右上の「…」→設定→アプリを自動的に更新、をオフにすれば良いです[17]。

4.2 OneDrive フォルダ

OneDrive のフォルダを移動させたいなど、標準のワークフォルダを変更するにはユーザーアカウントのレジストリ情報を変更します。`HKEY_CURENT_USER` 以下の `Environment` にある各種値を変更することで可能になります。OneDrive のフォルダを変更するには移動先にも OneDrive のフォルダを作っておかないといけません。

ただし実はこれは一部が揮発的で、おおもとを書き換えないといけない場合があります。そのためには自分のシステム上の ID を知らなくてはいけません。いくつ

---

windows-registry-information-for-advanced-users 参照。
[17] もう一つの（ある意味では深刻な）問題は、Microsoft が将来的にアップデートによってアクセサリ下のツールをストアアプリに置き換えていく方針だということです。既に「電卓」は消えてしまいました。そこで現状あるツールの実行ファイルをどこかに保存しておくべきです。

かに書かれていますが例えば HKEY_CURRENT_USER\Software\Microsoft\Windows\ CurrentVersion\FileAssociations にある UserSid の値がそれになります。この ID をメモし、HKEY_USERS の下で探すと、それがユーザーアカウントのレジストリ情報本体です。こちらの Environment や Volatile Environment 以下を書き換えると変更可能です。

4.3 ファイル履歴の無効化

自分が何を使ったのかを履歴を残すことはあまり気分がよくありませんので、そもそも保存しないようにします。HKEY_LOCAL_MACHINE\SOFTWARE\Policies\Microsoft\Windows\ の下に FileHistory というキーを作り、DWORD 値で Disabled という変数を作ってそれを 1 に設定します。

4.4 Cortana の Index 作成を無効化

HKEY_LOCAL_MACHINE\SOFTWARE\Policies\Microsoft\Windows\Windows Search にある（なければ作る）AllowCortana という DWORD のキーを 0 に設定します。ちなみにそれではどうやってマシンの中のファイル検索をするのかというと、該当フォルダを Explorer で開いて右上にある検索窓で調べます。たぶんこのほうが総合的にマシン負荷が減ります。

4.5 自動起動関連

起動項目の設定をします。

- すべてのユーザー

    HKEY_LOCAL_MACHINE\SOFTWARE\Microsoft\Windows\CurrentVersion\Run
- 現在のユーザー固有の追加設定

    HKEY_CURRENT_USER\Software\Microsoft\Windows\CurrentVersion\Run

4.6 ファイアウォール周辺

- 「HKEY_LOCAL_MACHINE\SYSTEM\ControlSet001\Services\SharedAccess\Parameters\FirewallPolicy\DomainProfile」の、「EnableFirewall」の値で設定を行います。0 の場合、無効。1 の場合は有効。
- 「HKEY_LOCAL_MACHINE\SYSTEM\ControlSet001\Services\SharedAccess\Parameters\FirewallPolicy\PublicProfile」の、「EnableFirewall」の値で設定を行います。0 の場合、無効。1 の場合は有効。
- 「HKEY_LOCAL_MACHINE\SYSTEM\ControlSet001\Services\SharedAccess\Parameters\FirewallPolicy\StandardProfile」の、「EnableFirewall」の値で設定を行います。0 の場合、無効。1 の場合は有効。

4.7 リモートデスクトップの port 番号変更

もちろんリモートデスクトップを使っていないのなら関係ないですが、離れたところからのアクセスなどで便利といえば便利なので使うこともあるかもしれません。この場合少なくともデフォルトポートは攻撃者のカモなので変更します。`HKEY_LOCAL_MACHINE\SYSTEM\CurrentControlSet\Control\TerminalServer\WinStations\RDP-Tcp` から `PortNumber` を探し、10 進数で 3389 と書かれているところを変更します。

4.8 アクティブ時間の変更

Windows Update がアクティブ時間外に勝手に再起動をかけるのですがこれが大変困るときがあります。しかもアクティブ時間は 12 時間までしか設定できないので、最大 12 時間制限はレジストリで回避します。`HKEY_LOCAL_MACHINE\SOFTWARE\Microsoft\WindowsUpdate\UX\Settings` に `ActiveHoursStart` と `ActiveHoursEnd` という値があるのでここで設定します。

4.9 Windows Defender 無効化

通常は別の Virus 対策ソフトが入っていると思いますので、競合して不安定になる上、無効にしてもしばらくすると自動的に有効化されて面倒なので、完全に殺します。「`HKEY_LOCAL_MACHINE\SOFTWARE\Policies\Microsoft\WindowsDefender`」から新規の値で `\DisableAntiSpyware` を 32bit 整数値（DWORD）で 1 に設定します。これで終わり。

4.10 System Volume Information を作らせない

Windows10 は SD カードだろうがネットワークドライブだろうが、あらゆるディスクに「System Volume Information」という名前のフォルダを作っていって不快なのでこれをやめさせます。レジストリの
`HKEY_LOCAL_MACHINE\SOFTWARE\Policies\Microsoft\Windows\Windows Search` に、`DisableRemovableDriveIndexing` というキーを作り、DWORD で 1 を設定します。

4.11 システムタイミング

以下は古いものですが、Vishal Gupta 氏によるシステムタイミング調整レジストリ設定です。拡張子が.reg のファイルにし、ダブルクリックでレジストリに追加されます。ダウンロードの場合は https://media.askvg.com/downloads/2009/01/Registry-Tweaks-Collection-to-Make-Windows-Faster.zip から。

```
Windows Registry Editor Version 5.00

[HKEY_CLASSES_ROOT\AllFilesystemObjects\shellex\ContextMenuHandlers\Copy To]
@="{C2FBB630-2971-11D1-A18C-00C04FD75D13}"
```

```
[HKEY_CLASSES_ROOT\AllFilesystemObjects\shellex\ContextMenuHandlers\Move To]
@="{C2FBB631-2971-11D1-A18C-00C04FD75D13}"

[HKEY_CURRENT_USER\Control Panel\Desktop]
"AutoEndTasks"="1"
"HungAppTimeout"="1000"
"MenuShowDelay"="8"
"WaitToKillAppTimeout"="2000"
"LowLevelHooksTimeout"="1000"

[HKEY_CURRENT_USER\Control Panel\Mouse]
"MouseHoverTime"="8"

[HKEY_CURRENT_USER\Software\Microsoft\Windows\CurrentVersion\Policies\Explorer]
"NoLowDiskSpaceChecks"=dword:00000001
"LinkResolveIgnoreLinkInfo"=dword:00000001
"NoResolveSearch"=dword:00000001
"NoResolveTrack"=dword:00000001
"NoInternetOpenWith"=dword:00000001

[HKEY_LOCAL_MACHINE\SYSTEM\CurrentControlSet\Control]
"WaitToKillServiceTimeout"="2000"
```

5 その他

絶対必須というわけではない豆知識などです。

5.1 フリーソフト

いくつかの非公式ソフトを入れるところまではインストールと言って良いかもしれません。

- Google Chrome か Firefox
  Microsoft は Edge を（涙ながらに）推薦してきますが、モバイルとの連携を考えると実際には Chrome あたりではないでしょうか。Google 社にデータを送るのが嫌だという方は Firefox。
- Google 日本語入力
  標準 IME は肌に合わないという人が多いです。無料なら Google の IME。既定の IME を Google 日本語入力へ変更するには、設定→システム→既定のアプリから設定。
- VLC メディアプレーヤー
  オープンソースのなんでもありプレーヤー。ISO フォーマットの DVD イメージ

でも再生可能。
- IrfanView
  画像ローダー。軽いです。
- Foxit Reader
  PDF の編集やタイムスタンプ付加や認証もできるリーダー。Adobe 製品を使う人は多いですが、これだけでほぼすべていけます。

筆者は他に「カハマルカの瞳」（各種キャプチャ）とか「UWSC」（自動画面操作）とかも入れていますが、このあたりは好みです。エディタや Virus 対策ソフトは好みが強いので書きません。

5.2 互換性

Windows7 などからアップグレードしたとき、アップグレードしたままでは動いていたのに、新規インストールでは動かないフリーソフトなどがあります。筆者の実例では「WinFD」がそうでした。こうした場合、正統的な方法でやるなら、実行ファイルを右クリック→プロパティ→互換性→互換モードにチェック＆適切な過去バージョンを選択……とやります。それでもダメなら動いている状態のレジストリを見て関係しそうな部分をコピーし、、それを新規システムのレジストリに貼り付けることを考えます。しかしレジストリをあまり使っていないようなシステムでは、既に動いているシステムを丸ごとフォルダコピーするだけで何とかなることもあります。また動いているソフトが突然動かなくなったりします。これもレジストリ保存情報の破壊が原因であることが多く、該当ソフトが使っていそうなレジストリ部分を削除してから再インストールします。レジストリを変更せずに再インストールしてもダメな場合が多いです。

5.3 SSH と rsync

Version 1803 以降の Windows10 では OpenSSH が使えるようになっていますので、これを使います[*18]。サーバ（sshd.exe）のほうは危険なので立てず、クライアント（ssh.exe）を使います。ssh-keygen.exe で公開鍵のペアを作って、公開鍵側をサーバに登録しておくことが現代的です。

UNIX 系 OS の世界で ssh を前提にした効率的ファイルバックアップとして Rsync がありますが、この Windows 版が cwRsync です。ただし新しいバージョンは有償版しか

[*18] C:\Windows\System32\OpenSSH にあります。ssh は昔から Cygwin などにはありましたが、UNIX 系 OS の仕様を前提にしているためプライベートキーのパーミッションが「所有者のみ」になっていないと使えなく、Windows のパーミッション仕様では色々と面倒なことをしなければいけませんでした。OS が標準対応したのでこの問題はクリアされています。

ありません。「`cwRsync_5.5.0_x86_Free.zip`」を検索すると入手できます[*19]。更新があったファイルだけをレンタルサーバなどにバックアップできますので、効率的にバックアップできます。

5.4 sshfs

Microsoft ネットワークでは届かないような、インターネット上の他の機械とドライブ共有するときに効果的なのが sshfs です。途中経路が ssh で暗号化されており、(ssh トンネルが必要かもしれませんが) Mac や Linux のレンタルサーバなどともドライブ共有できます。以下より入手してインストールします。

- https://github.com/dokan-dev/dokany/releases/tag/v1.0.0
- https://github.com/feo-cz/win-sshfs/releases

5.5 MIDI

MIDI ポートが完全に削られてしまったので必要ならば付け加えます。https://coolsoft.altervista.org/en/midimapper からダウンロードしてインストールします[*20]。同様にフロッピードライブのサポートも切れてしまいましたが現代では USB 経由のフロッピードライブがあるのでそれを使ったほうが良いがします[*21]。

5.6 Quick 起動

Windows10 のタスクバーでも特に問題はないですが、単なる Quick 起動なのか実行中なのかわからないとかで、昔の Quick 起動を復活させたい場合は以下のようにします。

1. タスクバーの上で右クリック→「ツールバー→新規ツールバー」
2. フォルダーの欄に「`shell:quick launch`」と入力し「フォルダーの選択」を押して閉じる。これで Quick 起動が追加
3. Quick Launch の右クリック→「ボタン名の表示」と「タイトルの表示」「タスクバーを固定する」のチェックを外す

5.7 セキュリティーポリシー

色々なことができますが、パスワードの制作条件などはよく使われるかもしれません[*22]「`Administrative Tools`」からローカルセキュリティポリシー (`secpol.msc`) を開き、

[*19] https://archive.org/download/cwRsync_5.5.0_x86_Free とか。
[*20] loopMIDI というものもありますが、使ったことがないのでコメントできません。
[*21] 昔の PC-9801 のファイルを使いたいとかで 3 モードフロッピーが必要、とかとなるとこれでは無理です。筆者は PC-9801 に C バスの LAN ボードを刺して 10Base-T で LAN につないでやり取りをしていました。
[*22] 筆者は全く使ってません。むしろ「ユーザー権限の割り当て」を調整するための方法として使います。

アカウントポリシーやローカルポリシーを設定します。

5.8 パスワード無しでログイン

　セキュリティ的には脆弱になりますが、自分所有のパソコンなどで一人しか使わないならログオンパスワードは邪魔かもしれません。コマンドプロンプトで「control userpasswords2」と打ち込み、「ユーザーがこのコンピューターを使うには、ユーザー名とパスワードが必要」のチェックを外します。

Windows10 のインストール法
（うぃんどうずてん　いんすとーるほう）

2019 年 4 月 14 日 コピー版（技術書典 10）
2019 年 8 月 11 日 初版

著　者	シ (し)
発行者	星野 香奈 (ほしのかな)
発行所	同人集合 暗黒通信団 (http://ankokudan.org/d/) 〒277-8691 千葉県柏局私書箱 54 号 D 係
頒　価	200 円 / ISBN978-4-87310-232-0 C0004

まともなインストールなんて無理。

©Copyright 2019 暗黒通信団　　　Printed in Japan